Elke Böhm

Wolfsmomente

Großstadtlyrik

Wolfsmomente
Großstadtlyrik

Bibliografische Information der Deutschen
Nationalbibliothek:
Die Deutsche Nationalbibliothek verzeichnet diese
Publikation in der Deutschen Nationalbibliografie;
detaillierte bibliografische Daten sind im Internet über
http://dnb.de-nb.de abrufbar.

Ich freue mich über alle themenbezogenen
Anmerkungen, Fragen und Gefühlsausbrüche.
Bitte wenden Sie sich an: atelier@elke-boehm.de

1. Auflage 2009
© bei Elke Böhm

Umschlagfoto: Elke Böhm
Gestaltung: Elke Böhm / Christiane Schüppler
Herstellung und Verlag: Books on Demand GmbH,
Norderstedt
ISBN: 978-3-83912-527-4

Widmung

Liebe Conny – es ist soweit – ich kann mein Versprechen einlösen! Dieses Buch widme ich DIR, wie damals vor vielen, vielen Jahren kurz nach dem Regenschauer auf einer Frankfurter Straße enthusiastisch heraus posaunt ...
Ich hoffe du kannst mir verzeihen, dass nach all der Zeit noch einige andere Menschen, Orte und Tiere dazu gekommen sind.

Sabine: *die mir Träume und Schreiben wiedergab*
Maria und die Weibsbilder: *Schreibwerkstatt in Fürsteneck, wo vieles begann*
Burg Fürsteneck: *ein verzaubernder Kraft-Ort*
Heide: *viele nachwirkende Stunden*
Ayla Scott Khan: *drei Polarwölfe aus Klein-Auheim*
Brigitte und die Lyrikfrauen: *Lyrik-Lehrerin und -Gruppe, wo vieles weitergeht*
Muttertier: *danke für alles*
Christiane: *Ordnungs-Pol – ohne Dich würde dieses Baby nie das Licht der Welt erblickt haben*
Gabi: *da hast Du mein Herzblut ;-)))*
Gabitou: *unverzichtbare Blutsschwester*
Unserer Erde: *Deine Träumerin*

Vorwort

In der Welt der gezähmten Buchstaben fühlt sich die Leitwölfin Elke Böhm sichtlich wohl. Sie hält selbst das wildeste Wörterrudel in Schach und gönnt den Lautverliebten ihr glühendstes Verlangen. Mit ihrer poetischen Kampfstrategie schlägt sie Schneisen der Sehnsucht in den mörderischen Arbeits-Alltag. Prost! Zwischen Mondwindwogen in Kitschrosé, Bier, Senf und Zigarettenqualm schreibt die weibliche Buckowski mit ebenso leidenschaftlicher Anteilnahme, wie wütender Anklage. Diese Streunerin durch die Schluchten der Großbuchstaben stöbert die sinnfälligen Jetztzeit-Weisheiten auf. Konsequent verstörend pfercht sie diese in kunstvoll gebaute Wörterkäfige.

Lupina, die zartfühlende Lippenblüherin im Wolfspelz fädelt auch ihre Leser in die zwischenwörtlichen Leerstellen ein. Nicht möglich, sich zu entziehen!

Sorry, sagt sie uns, aber es ist, wie es ist und was es ist, dieses Leben. Es ist größtes Glück, es ist jämmerliches Leiden, es sind Tränen und doch immer wieder Lebensfreude pur.

Wir sind unverlierbar aufgehoben in den Dreamings der einzigen dichtenden Großstadtrehkitzwölfin, die es auf diesem Erdball gibt, den zu retten ihr oberstes Anliegen ist.

Brigitte Bee

Inhaltsverzeichnis

An alle Interessenten

was
ich immer
einmal schreiben wollte:
Viel Spaß beim
Lesen

Lesung

meine
Gedichte
fremden
Menschen
vorzutragen
ist meine
Art von
Exhibitionismus

Erzieher

sie sagten
du musst erwachsen werden
es hilft keine Embryonalschlafstellung
kein Anklammern an die Partner
keine Alkoholvergiftung
noch ein Selbstmordversuch
du bist kein Kind mehr

sie sagten
du musst realistisch denken
rede nicht nur von großen Taten
stell dich der Verantwortung
du bist kein Kind mehr

es sagten
meine Tanten Onkel Cousinen
Freunde Verwandte Bekannte
Lehrer Arbeitgeber und Erzieher
du bist eine hoffnungslose Träumerin

ich atmete erleichtert auf –
wenigstens etwas

Politisches

Reiner Egoismus

geliebt geliebter
am geliebtesten
und wenn ich
diese Person bin
ist meine Welt
in Ordnung

Eingemachtes

wer Macht macht
muss mächtig
Angst machen
weil er sonst
eingemacht wird

Lauf der Dinge

in dem Moment
als er mir sagte
die Welt ist unveränderbar
und ich mir vornahm
nichts mehr zu verändern
hatte ich mich verändert

Erfolgszwang

nur gut zu sein ist nicht gut
denn es gibt welche die besser sind
das nahm mir oft schon den Mut
denn ich hörte es bereits als Kind

Dichter-Innen

wir mit unseren
wachen Augen
und harten Worten
entdecken und
öffnen das
täglich Besondere
dieser Welt

Hört ihr die Kinder weinen

ein Talibanjunge wird mit einer
Kalaschnikow zu seiner Geburt
beschenkt und erzogen mit ihr
im Heiligen Krieg zu sterben
Palästinenserkinder werden in
eigenen Ausbildungscamps zu
Selbstmordattentätern gedrillt
ohne jeden religiösen Grund
opfern afrikanische Mütter ihre
Töchter der Klitorisbeschneidung
während in Irland kleine katholische
Mädchen protestantischen Hass
auf dem Schulweg kennen lernen
ich kaufe meinem Sohn Robin
einen indianischen Traumfänger
gegen seine ewigen Albträume

gewidmet Robin

AusländerInnen IV
Scheinheiligkeit

mit glitzernden Augen
fragte er uns am
Morgen danach
wart ihr auch
in der Lichterkette
mit leuchtenden Augen
sagten wir alle
sofort JA –
dann gingen wir
zum Alltag über

Eine Kuh sinniert

sie hatten schon viele Diktatoren
die wirkliche Ochsen waren
doch keiner hat es geschafft
dass die Menschheit vegetarisch wird

gewidmet dem BSE

Vergleich

ob wir die Löwin
die zehn Zebras
auf einmal schlägt
und dann auf der
Kühl-Bank deponiert
menschlich nennen würden

Ich bin gegen Tierversuche (1988)

Frage eines Passanten:
„Warum stellen Sie sich
nicht selbst zur Verfügung?"

„Guter Herr –
wissen Sie denn nicht,
dass wir gerade an
einem sensationellen
Modell herumbasteln?
Mensch Typ A 0815 –
dann haben unsere Tiere
endlich ihren Frieden
und wir die Gewissheit,
dass alle neuen
Präparate wirklich
menschengerecht
auf den Markt kommen!"

Tierische Revanche

sie erschoss
den Penner
damit die Ratten
ihn nicht
lebendig anfressen
konnten – dachte
lächelnd an
Gottfried Benn
und sein Rattengedicht

Schön wäre es

du musst dich
vor niemanden
in Acht nehmen
wenn du ihm
Achtung entgegen
bringst

Romantische Zukunft

darf es ein wenig
ohne Gott sein
mit einem bisschen
Selbstverantwortung
einem Touch
mehr Toleranz
und einfach mal
ohne Uniform

Natur

Morgengebet

Amseln zanken
über den Straßenlärm
doch nur in Seitengassen
übertönen sie den Krach
jedes ihrer
hoffnungsvollen Lieder
preist das Glück
dass Regenwürmer
keine Ohren haben

Tiere

hungrige Tauben
fliegen nicht mehr
auf das Fensterbrett
trippeln nicht mehr
durch offene Fenster
denn

von dort fliegen
einst geliebte Möbel
landen zersplitternd
im nassen Gras
wertlos für
Antiquitätenjäger

nur mein Hund
riecht interessiert
an der Geschichte
der einst
taubenfütternden
toten alten Frau

Sommeranfang   22.6.83

sonnendurchsetzte
Morgentausterne
purzeln ins Gras

pelzige Hummeln
baden summend
in rosa Blüten

kleine Schwalben
fliegen übermütig
zehn Salto Mortale

der Sommeranfang
umarmt lächelnd
die gute Laune

gewidmet dem Geburtstagskind

Natur-Talent

er war der King
in jedem PC-Spiel
beherrschte Fax und
ISDN im Schlaf
er war der coolste
Surfer im Internet
aber absolut hilflos
als er die kleine
Kakerlake auf seinem
Bein entdeckte

Chatwüste

dort wo Herzen lautlos schlagen
wenn du keine Lautsprecher hast
dort wo sie als erstes fragen
wie alt woher und ob du Bilder hast

dort wo Tränen blindlings fließen
wenn du nicht webverkabelt bist
wo sie Hardcorewein eingießen
wo der Cybersex zu Hause ist

genau dort versiegt Erotik pur
kein Prickeln facht die Hitze an
ein nackter Akt der Tastatur
wirklich Spaß für jedermann

Den Tag

bis auf den letzten
Strahl der Sonne
entrissen und gelebt

Der Mondwind

der Mondwind strich
vom buttergelben Meere
unaufhaltsam
dem großen Strom der Elbe zu

pfeifend paarte er sich unterwegs mit einem
schneegleißenden hungrigen Wintersturm
und schoss adlerkrallengleich die Wellen
auf alle altersschwachen matschgetränkten Deiche

an den Landungsbrücken angekommen
staunten Millionen Touristen
wie die Sonne protagonistisch
die schaumgekrönten Wogen in zartes
fast stilles Kitschrosé wandelte –
und manches Blitzlicht gab den Senf dazu

Herbstmomente

Sonnenblumensamenregen
verschenkt sich an
tauglitzernde Erde –
unter ihr stibitzen
Regenwürmer aus
rotgrüngelben Blätterburgen
ihren Wintervorrat
einsam singt eine
kopfhörerbestückte
Stadtwölfin ihr Lied
durch den Pkw-Nebeldunst
auf die Hauptstraße hinaus –
Herbstmomente in einer
Großstadt morgens um sieben

Winterahnung

Lichthalbzeit
Nebeldunst auf
Blätterburgen
Flüstertod in
Herbstpassion

Einsicht

all die Seelen
die in Form
von Schneeflocken
auf die Erde kommen
und einen Moment
Ruhe schenken –
sie haben den
vollen esoterischen
Durchblick – sich so
zu materialisieren –
das reicht aus
bei unserer
Überbevölkerung

Planetenentdeckung

keine Angst
selbst wenn die neue Erde
achtmal größer ist
als unsere alte
wir Menschen kriegen
auch diese klein

Christas Garten

hier an diesem Ort
lernt mein Herz
im Gleichklang mit
der Ruhe zu schlagen

Heiliger Ort

manchmal trete
ich ganz leise
innerlich heraus
bin die Lichtung
bin das Rehkitz
bin die Wölfin
nicht mehr
Stadtkind

Sur-Realistisches

Elke

ich bin eine Mischung
aus Naturereignis
und Schokoladenpudding

Traumparadies

manchmal brauch' ich keine Richtung
da ist der Kreis mein bester Freund
es scheint mir geradezu Verpflichtung
dass alles sich von selbst erträumt

kein Ausweg lauert hinter Türen
kein Hindernis blockiert den Lauf
so herrlich ist es das zu spüren
und dann schreckt mich der Wecker auf

Makaber

seit Aids ist
das Ritual der
Blutsbruderschaft
dem Tode geweiht

Großstadtgräber

im Friedhof der
Alltäglichkeit
suche ich nach
einem
lebenden Extrem

Ehrlichkeit

kehr deine blauen Augen
nicht länger unter den Teppich
lass dein Lächeln endlich
an den Sonnenschein

schreie alle Schmerzen
in den Kosmos raus
koste die Versuchung
des Zornausbruchs

nie geweinte Verzweiflung
gehört nicht in die Tiefe
sondern ans Tageslicht
der vorhandenen Realität

lege deinen Augenblick
nicht länger auf den
Versteh-mich-blind-Altar
sag was du willst

Rückschau

unter den Trümmern
nicht ganz
begrabener Schmerzen
krepieren jaulend
alte Gehirndias

Zukunft

irgendwann
faxen wir
dem Orthopäden
um unsere
persönliche
Computer-Tastatur
anfertigen
zu lassen
denn das
zahlt dann
die AOK
Einlagen für
Schuhe braucht
dann auch
niemand mehr

Postkarte an
Herrn Selbstmord
Todesweg 2
Land der eigenen Entscheidung

Lieber Selbstmord,
ich hätte nie gedacht,
dass ich Dich nicht vermisse,
aber hier in Leben
fühle ich mich sauwohl.
Bleibe noch ein bisschen!

Herzlichst Deine Elke

Unterhaltung

pass doch auf
sagte die rechte Kopfhörermuschel
zur Linken du hast sein
Ohrläppchen eingeklemmt
stört mich nicht
fluchte die Schreibmaschine
ich schreibe gerade ein Gedicht
eifersüchtig flackerte da
die gelbe Glühbirne
ohne mich würdest du
absolut gar nichts sehen
glaubst du ich kann
nicht auch blind schreiben
fragte die Schreibmaschine
und fluchte wieder
wegen der Ablenkung
alles in diesem Zimmer lebte
nur der Mensch wirkte tot

Kindheitsträume

früher
als Kind
tobte das Leben
in mir
wie feurige Lava

neugierig
überströmte
die heiße Glut
jeden Winkel
der Realität

langsam
erstarrte sie
an der kalten
Grausamkeit
Erwachsen werden

Spotlight

ich mag ihn
meinen Freund
den Tod
wenn er
sanft schlitternd
ins Rampenlicht
des Lebens rutscht

Auf – einander – ein – gehen

auf der Welle
des Mitgefühls
soll ich
zu euch treiben

doch
orkanartig
ergießt ihr euch
über mich

selbst
der größte Fels
wird dadurch
zerrieben

und so
übertönt
meine Antwort
nie eure Fluten

Kindheitsträume

auf den Vollmond klettern
in die Sterne springen
ein Vollbad
in der Milchstraße nehmen

doch die Kindheit
ist Lichtjahre weit fern
Asche in den
Augen der blauen Seen

Keine Worte für die Liebe

Worte lieben
für fast grenzenlose Nähe
zwischen Gefühl und ihnen

Worte suchen
für grenzenlose Gefühle
die Ganzheit vermitteln

Worte taufen
für grenzenlos Neues –
schon als Liebe definiert

Worte finden
für grenzenlose Liebe
die individuell lebt

Worte töten
für grenzenlose Augenblicke
in denen Schweigen spricht

gewidmet Peter Handke

Ausgeglichenheit

hoch und tief
im Normalsein
pausiere ich
noch nicht

Alles zusammen

nachts träumt sie
von Härte die nichts
erschüttern kann
damit sie tagsüber
ihr eigenes stets
freundliches
Ich–liebe–euch–alle-
tut-mir-nicht-weh-
Lächeln
weiter ertragen kann

Graue Abstinenz

schwarz und weiß
sind noch immer
die einzigen „Farben"
die ich spüren kann

Selbstvertrauen

es hat
lange gedauert
bis ich
begriff
dass ich
nicht jedem
Menschen
ins Gesicht
lachen muss
damit er
spurlos
verschwindet

Rauhnächte

Zeit im Bett zu bleiben
sich tief einkuscheln
und von Hexen träumen
die im Schweinsgalopp
Wortkreationen aus
ihren Besen schütteln
doch dann klingelt der Wecker

Lohn der Phantasie

immer wieder glaube ich
dass jedes Wort geschrieben
jeder Film gedreht und
jedes Mysterium schon
analysiert worden ist
und dann küren sie
das Buch des Jahres
den Film des Jahres
also träume ich weiter

Irgendwann

treten wir ihn alle an
den Gang zum großen
allerletzten Schlaf
doch vielleicht
bei all den Facetten
die wir von ihm
bis dahin erlebten
gibt es sie doch
die Träume dort drüben

gewidmet meinem verstorbenen
Freund Achim

Verletzungen

die Nacht schickt
alte Dias wieder
wandelt sie in
alptraumhafte
Qualität –
auch alte
Narben werden
nie vergessen

Insuffizienz

ich schüttel meinen Kopf
um die Schmerzen zu vertreiben
in der Hoffnung die Hohlräume
die das Gehirn lässt
füllen sich mit Sauerstoff
Hohlräume Spielräume
Nichts der Seele
Seelennichts
besitzt der Kopf eigentlich
Hohlräume
Hohlkopf Wasserkopf Strohkopf
Dummkopf
Hohlkopf Hohlräume Spielräume
Raumspiel Seelennichts Seelensitz
ich schüttel meinen Kopf

Erkenntnis

wir müssen uns selber
auf den Arm nehmen
damit wir endlich
auf die Füße fallen

Ich liebe

ich liebe dieses Leben
es fließt mir heiß durch meine Hände
es kann mir so viel geben
und doch sterb' ich am Ende

Einmal

einmal am Ende des Weges
angekommen sollte wenigstens
ein Lächeln auf unseren
Lippen liegen

Humor

Prost

es trank eine Dame aus Trier
mit einem Ochsen zehn Bier
mit ihrem Saumagen
konnt' sie was vertragen
nur wurde der Ochse ganz stier

Mahlzeit

oft sage ich
ich könnte
sterben für
Spaghetti
Bolognese
dabei will
ich sie
doch nur
essen

Verwerbung – äh – Verschmelzung

da sagte das Gold zum Bär
ach mein Freund ich lieb dich sehr
und sie bekamen mehr als ein Kind
so dass Goldbären entstanden sind

gewidmet Thomas Gottschalk

Schwere Geburt

an alle die sich nach Liebe sehnen
egal welcher Art
wir sind erst gerade bei den Wehen
also beim Start

Hoffnungslos

das Telefon klingelt
der Wecker klingelt
die Türglocke klingelt
nur mein Geldbeutel
ist stets leer

Bücherstreit

mich benutzt der Mensch
aber viel öfter
sprach das Lexikon
zum Lyrikband
dafür hast du
aber schon
Eselsohren
während er mich
stets zärtlich
in die Hände nimmt –
so stritten sie sich
noch ziemlich lange
während der Mensch
gemütlich „Lindenstraße"
schaute

Liebe

die Freiheit saß dem Verurteilten
noch einmal im Genick und grinste
doch der Strick um seinen Hals
riss nicht als sie ihn hängten

Rachegelüste

eine Schlummerrolle philosophierte
während sie so vor sich hin stierte
sie würde gern packen
den fleischvollen Nacken
der schlaflos sie drangsalierte

Geflügelsalat

ein weißer Hahn mit rotem Kamm
der machte alle Hennen an
bis eines Tags ein Schwan dann kam
und dem Hahn die Hennen nahm

der Hahn forderte den Schwan heraus
und machte dem Armen den Garaus
daraus entstand der „Sterbende Schwan"
und kam bei uns als Oper an

kaum war der Hahn zurückgekehrt
als eines seiner Hühner plärrt
ich will dich nicht mehr lieber Hahn
ich stehe jetzt mehr auf Fasan

Geräusche

knipsende
Scharen von
Touristen am Main
und keiner fällt ins
Wasser

Gebo(r)genheit

es bog eine beige Geige
ihre Sehne zur bitteren Neige
das war ziemlich grob
und letztendlich flog
die Sehne entzwei
und sagte good bye

Anwaltstermin

ein adliger
Papagei
und ein
pionierender
Adler
purzelten in
die Pleite
prozessierten
gegeneinander
denn plötzlich
wollte jeder alleine
den Angora-Pinguin
ausgegraben haben

SM-Hölle

unkontrolliert beginnen
meine Hände zu zittern
an Eisenketten hängen
die weißen Tücher
gegen die Blutspritzer
die die Gehilfin meines
tollen Meisters mir
freundlich lächelnd
gleich umhängen wird
ich muss verrückt sein
mich freiwillig in diesen
Folterstuhl zu legen
sterilisiert und blitzend
stehen in Reih und Glied
Raketeninstrumente
wartend auf Augenhöhe
„Hallo, wie geht es Ihnen?"
„Unten links tut es weh,
Herr Zahnarzt."

Schnupfen

nach dem Orgasmus
wieder richtig Luft
bekommen
und wieder einmal
festgestellt
wofür Sex doch
alles gut ist

Überraschung

seitdem die Flöhe
in der Wohnung
sind – spüre ich
echt neuen Kitzel
in unserem Bett

Tasten

aufdringlich
knutschende Liebespärchen
überprüfen die Haltbarkeit
ihrer Brücken auf einer
Bank

Frauen

Viagra

jetzt klappt es
auch ohne Gläser
aus der Werbung
mit dem Nachbarn

Argiope bruennichii Scopoli
(Wespenspinne)

wild frei und unbezahlt
will ich dich lieben
sagte die Spinne bevor
sie ihr Männchen fraß
was haben unsere Männer Glück
dass wir Frauen noch nicht
so emanzipiert sind

Frauenleben 2004

zum ersten Mal
wird mit Nia Künzer
eine Frau zur
Torschützin des
Jahres gewählt
vor elf Männern
während Karolina
das dreijährige
kleine Mädchen
erschlagen auf
der Toilette
aufgefunden wird

Frauensituation 2008

sie erklärt mir auf meine
freundliche Frage wie
es ihr geht dass ihr EX
das Unterhaltsgeld
für die Kinder einfach streicht
da bin ich wieder das Kind
das 1970 genoss
wenn der Vater das
Weihnachtsgeld ausschüttet
extra und nur für mich
doch heute spüre ich
die Hilflosigkeit der Mütter
die da nie mithalten konnten

Seelenmord

manchmal nehme ich dich
in meine Hand die leicht zittert
marmorbeige die Nasenwurzel
tiefe Höhlen wo einst Augen
und Reste des Unterkiefers
lagern im Kopfinneren
manchmal zu Vollmond
trinke ich Bier aus der
aufgesägten Schädeldecke
ich habe einen toten Mann
in meinem Schrank
sein Schädel ziert ganz offen
meinen Wohnzimmertisch

Kleine

Hommage an Frankfurt

Frankfurter Hauptbahnhof

scheinbar uninteressiert an
dem zusammengesackten Junkie
mit der Nadel im linken Arm
steigen starr und ungerührt
um siebzehn Uhr zehn
mitten im Dezember
vier Passanten über das Blut
und die Scheiße auf der Treppe
zu ihren Straßenbahnen
denkt der Typ mit dem Laptop
die Prügel meines Vaters
halfen mir anders zu werden
denkt die Hausfrau mit Kind
mein Mann sagt immer CDU wählen
denkt der alte Mann mit Stock
zu Hitlers Zeiten war es anders
denkt der junge Neonazi in einer
Stunde seid ihr das Problem los –
ich komme zurück
mitten im Winter 17 Uhr 10

Auch Frankfurt

in der
kleinen Kneipe
mit Skylineblick
auf das Kapital
bestellen sie
ihr Bier
und suchen
nach Liebe
ich kann
die lautlosen
Schreie hören
und spüre mich selbst

Umweltverträglich

und mit gutem Beispiel voran
geht die Stadt Frankfurt am Main
Schwarze Sheriffs laufen seit
gestern mit Rottweiler und Eule
durch die S- und U-Bahnstationen
Langzeitstudien haben ergeben
dass die Eulen das Neonlicht als
Vollmondsimulation akzeptieren
und sich so bestens eignen
die Populationsdichte der Mäuse
ohne chemische Keule zu reduzieren
wie Passanten auf die Todesschreie
der Mäuse reagieren
wurde noch nicht untersucht

OB-Tampon-Ratte

im Abwasserkanal und nicht auf der Wiese
fand die Forscherin Olga-Britta-Louise
eine neue Spezies der Gattung Ratte
für die sie noch keinen Namen hatte

die fraßen – Olga wollte den Augen nicht trauen
ausschließlich Reste menstruierender Frauen
nicht Obst noch Gemüse bildeten den Quell
für dieses wunderschöne tiefrote Fell

Petra (die Freundin bei den Grünen) wusste schon
bald schreibt Olga-Britta-Louise eine neue Petition
„Weg mit den vielen Hygieneboxen überall,
gebt Tampons wieder freien Toilettenfall!"

die OB-Tampon-Ratte – eine feministische Art
wurde so vor dem Aussterben bewahrt
das Land Hessen bewies seine Genialität
 mit dem Rhein-Main-Slogan der Biodiversität

gewidmet Michael Mittermeier

Kein Buch ohne die Liebe

Lieben

voller Hingabe
über die Abgabe
fordern wir Zugabe

Urlaubsanfang

meine streichelnden Hände
drängen deine Träume
ins Unterbewusstsein und
schaffen Platz für dein
leises zartes Stöhnen
während auf den Straßen
der Berufsverkehr beginnt

Meer-Urlaub-Light

Regenströme und Gewitter draußen
Vogelsand auf unserem Teppich
und wir mitten im Urlaubstraum
nackt mit aufgedrehter Heizung
kommen voll auf unsere Kosten

Schlafentzug

Sehnsucht ist
wenn der Schlaf
den Mond anschaut
und in den Sternen
dein Lächeln sucht
weil er doch nicht
schlafen kann
wenn den Sternen
dein Lächeln fehlt

Rehkitzerinnerungen

irgendein zartes
italienisches Lied
trudelt die Gedanken
aus meinem Gehirn
während ich träumend
vor vergangenen
Ereignissen sitze

lautlos grinsend
schüttelt meine
Schreibmaschine
ihren alten Kopf
und holt mich so
ganz sanft zurück
in die Gegenwart

Überfall

meine Hände erklettern
träumend den Morgen
spielen zwischen Schlaf
und viel Zärtlichkeit
bereiten sich lächelnd
auf Seligkeit vor

bis es plötzlich
an unserer Tür klopft

Danach

das spöttische
Ich – kann – dir – nicht –
verbieten – mich – zu –
lieben – Lächeln
grinste mitleidsvoll
auf transparenter
Gesichtsmaske

Manchmal wenn die

Einsamkeit aus deinen
blauen Augen schlüpft
und meinen Blick fängt
unsicher tastend testend
möchte ich dich umarmen
ohne dass du zurück zuckst
im Glauben zu verlieren
wenn du dich fallen lässt

Morgentaurebell

in die Nacht ein-steigen
leise wie ein Verbrecher
ängstlich vor den Träumen
ins Morgen-Grauen fliehen

Wartezeit II

viele der tausend Masken
die wir für jede Situation
bereit hielten
trugen wir
am Anfang unserer Beziehung

mit gemischten Gefühlen
und erst nach und nach
legten wir
sie ab um
stets neue zu entdecken

und doch gibt es Momente
wo wir UNS sehen
sie zählen

Liebe

wie ein Opferlamm
Adrenalin ausschüttet
weil es sterben muss

spuckt die Liebe
den Saft Irrsinn
in meinen Verstand

Liebestraum

was wollte ich dir
erst alles erzählen
dann wenn ein Regenbogen
unser Heim geworden wäre

zuvor wusch der Regen
mir jedes Wort
von meiner Zunge
und aus dem Mund

der Sonnenschein danach
wird wohl anderen Häuten
und anderen Seelen
gespendet werden

Liebeskummer

gib mir
die Quittung
für die paar
Telefonanrufe –
den Restschmerz
setze ich dann
von der Steuer ab

Nach der Trennung

wir fuhren zusammen nach Hause
und schwiegen die ganze Fahrt
und zum ersten Mal lächelte ich nicht
mein Immer-freundlich-Lächeln
unterbrach nicht angstvoll das Schweigen
mit Hauptsache-reden-Floskeln –
wir hatten uns nichts mehr zu sagen

Kleines Liebesgedicht

hör nie auf
hör nie auf mich
hör nie auf mich zu lieben

hör nicht auf
hör nicht auf mich

ich hör ja schon auf